"两弹一艇"简史及核工业创业精神

郑庆云 / 著

中国原子能出版社

图书在版编目(CIP)数据

"两弹一艇"简史及核工业创业精神/郑庆云著. —北京：中国原子能出版社,2023.10（2024.2重印）
　　ISBN 978-7-5221-2872-6

　　Ⅰ.①两…　Ⅱ.①郑…　Ⅲ.①原子能工业－工业史－中国
Ⅳ.①F426.23

中国国家版本馆CIP数据核字(2023)第145251号

"两弹一艇"简史及核工业创业精神

出版发行	中国原子能出版社（北京市海淀区阜成路43号　100048）
策　　划	潘启龙　李雄飞　薛恩杰
特约编辑	王奇志　庄昌银
责任编辑	王　朋　郭文传
装帧设计	崔　彤　邢　锐
责任校对	冯莲凤
责任印制	赵　明
印　　刷	北京中科印刷有限公司
开　　本	787 mm×1092 mm　1/16
印　　张	9.25
字　　数	143千字
版　　次	2023年10月第1版　2024年2月第2次印刷
书　　号	ISBN 978-7-5221-2872-6
定　　价	38.00元

发行电话：010-68452845　　　　**版权所有　侵权必究**
出版电话：010-88821453

序　言

　　新中国成立之初，国内百废待兴，面对当时的国际形势，党中央审时度势，果断作出了发展核工业的战略决策。在党中央的坚强领导下，核工业人克服科学技术和工业基础落后的困难，用较短时间独立自主地建立起较为完整的核工业体系，成功研制了原子弹、氢弹和核潜艇（简称"两弹一艇"），铸就了共和国的核盾牌，这是新中国社会主义建设取得的历史性成就。以"两弹一艇"为标志的我国核工业第一次创业史，是老一辈核工业人以身许国、艰苦奋斗的历史，树立了爱国、奉献的历史丰碑，彰显了核工业创业精神的伟大力量。

　　中国核工业在创业征途中，既创造了举世瞩目的业绩，也积淀了丰厚的文化底蕴和精神财富。在研制"两弹一艇"的奋斗中，老一辈核工业人战胜诸多困难，孕育了"热爱祖国、无私奉献，自力更生、艰苦奋斗，大力协同、勇于登攀"的"两弹一星"精神。伟大精神代代相传，在六十多年的发展中，核工业人孕育和弘扬了"事业高于一切，责任重于一切，严细融入一切，进取成就一切"的"四个一切"核工业精神和"强核报国、创新奉献"的新时代核工业精神。核工业精神与"两弹一星"精神同根同源、一脉相承，共同激励着后人不忘初心、牢记使命，为强国建设、民族复兴而接续奋斗。

　　本书以"两弹一艇"研制历程为主线，讲述了我国核工业艰苦创业的丰功伟绩和创业精神。语言简练，内涵丰富，图文并茂。既有重大历史事件的叙述，又有"两弹一星"功勋人物的故事；既有重大工程建设的进程，又有高科技研究攻关的缩影。读来简明而不失厚重，生动而感人肺腑，是一部走进我国核工业"看图识核"的精品读物，是一本企业文化建设和员工教育培训的优秀教材。这次再版，增添了新时代核工业精神的新内容，必将提振新时代核工业人干事创业的精气神，点燃年轻一代心中的那团火，激励我们为推动我国核工业高质量发展、履行强核强国使命任务而努力奋斗。

习近平总书记指出："核工业是高科技战略产业，是国家安全重要基石。要坚持安全发展、创新发展，坚持和平利用核能，全面提升核工业的核心竞争力，续写我国核工业新的辉煌篇章。"我们要坚持以习近平新时代中国特色社会主义思想为指导，深入学习贯彻党的二十大精神和习近平总书记重要指示批示精神，不忘初心、牢记使命，从百年来我们党推进伟大革命的实践中汲取智慧，从六十多年来我们党领导创建和发展核工业的历程中凝聚力量，大力弘扬伟大建党精神，传承"两弹一星"精神和"四个一切"核工业精神，践行"强核报国、创新奉献"的新时代核工业精神，担负起新时代核工业人的历史使命，加快建设核工业强国。

历史照亮未来，精神引领奋进。希望广大读者通过本书充分了解党领导下的中国核工业，感悟精神伟力，汲取奋进力量，自信自强、守正创新，踔厉奋发、勇毅前行，在新征程上为全面建设社会主义现代化国家作出新的更大的贡献。

2022 年 11 月 22 日

余剑锋，中国核工业集团有限公司党组书记、董事长，中国共产党第二十届中央候补委员。

原版序言

　　原子弹、氢弹、核潜艇（简称"两弹一艇"）是新中国成立后最具代表性的科技成就之一，伴随其所形成的"两弹一星"精神和"事业高于一切，责任重于一切，严细融入一切，进取成就一切"核工业精神，正以强劲的力量推动着未来核工业的征程。我有幸参加了我国核潜艇研制的全过程，见证了核工业人的爱国心、事业心、责任心以及自主创新、顽强拼搏的精神，见证了"两弹一星"精神和核工业精神的力量。《"两弹一艇"简史及核工业创业精神》以"历史凝练精神，精神成就事业"为红线，简明、生动地讲述了我国核工业创业史和创业精神。

　　庆云同志从清华园一路走来，在兰州铀浓缩厂成长、成熟、成家，在核智囊团成事、成才、成"家"，对核事业怀有深厚的情感，对核事业的伟大、苦难的伟大、群体的伟大有深刻的感悟，对核工业精神之魂、事业之芯、管理之道有深入的思考，对核工业精神的提出、内涵、本质及与企业文化、企业管理的关联作了详细求证。自核工业精神发布以来，庆云同志一直精心守护核工业精神家园，站在思想的高处、人生观价值观的高度宣讲核工业精神。他不辞劳苦，尽心尽责，十易其稿，赴各地巡讲核工业创业史和创业精神百余次，可谓"百炼成钢"。本书的出版是他长期积累的思想结晶，其鲜明特色是：内涵丰富，史料真实；故事性强，信息量大；条理清晰，简明生动。

当前，核工业进入了继"两弹一艇"后又一个重要战略机遇期，落实习近平总书记系列重要批示指示精神，完成新时期核工业的光荣使命，必须大力弘扬和传承核工业精神。本书既提供了"不忘初心，牢记使命"主题教育的教材，也启迪了核工业精神薪火相传、永不褪色的方法路径。

有道是，纸上得来终觉浅，绝知此事要躬行。

彭士禄

2020 年 6 月 5 日

彭士禄，中国工程院资深院士。革命英烈彭湃的优秀儿子，中国核动力领域的开拓者和奠基人之一，我国核潜艇第一任总设计师。曾任原六机部和水电部副部长，中共广东省委常委，核工业部总工程师，中共中央候补委员、全国人大常委。

历史凝练精神
精神成就事业

　　国家范围讲"两弹一星"，指的是核弹、导弹和人造卫星。"两弹一星"的伟业，是新中国建设成就的重要象征，是中华民族的荣耀与骄傲。核工业系统表述的"两弹一艇"，指的是原子弹、氢弹和核潜艇。

　　本书用生动的故事、具有代表性的图片和简明的语言，讲述"两弹一艇"简史和核工业精神，并用"两次浪潮、四个里程"概括了我国核工业第一次创业的历程，用"三个铸就"表述了核工业精神的形成。

不忘初心 牢记使命

安下心，扎下根，戈壁滩上献青春！

守山餐，伴山眠，风梳头，汗洗脸，深山峡谷献终身！

祖国把我寄托，我为祖国承诺！

开篇

四〇四厂建厂工地

红华公司建厂初期建设场景

"安下心，扎下根，戈壁滩上献青春！"这是四〇四厂职工在嘉峪关外戈壁滩上立下的誓言。

　　"守山餐，伴山眠，风梳头，汗洗脸，深山峡谷献终身！"这是红华公司职工表达的豪言壮语。

　　"祖国把我寄托，我为祖国承诺。"这是当年分布在祖国广袤土地上，我国十多万核工业职工发自肺腑的坚定心声。

　　引用这三段话作为本书的开篇。让我们一起回到当年创业的工地上，讲述创业的故事，体味创业的精神。

目录

CONTENTS

01

"两弹一艇" 简史

"两弹一艇"简史可概述为
两次浪潮、四个里程

1955 年 1 月 15 日，中共中央书记处扩大会议作出了创建我国核工业，研制原子弹的伟大战略决策。这是中央推动核工业发展的第一次浪潮。

1962 年 11 月 17 日，中央成立以周恩来总理为主任的中央专委，标志着原子弹研制从国家战略上升到国家行动，举国为之。这是中央推动核工业发展的第二次浪潮。

两次浪潮是党中央建立建设我国核工业的重大决策和重大举措。举全国之力，要人给人，要设备给设备，要资金给资金，要技术给人才。

我国核工业在党和国家领导下，充分发挥举国体制的优势，通过两次浪潮把中国核工业建设推向高潮。

上升为举国行动

做出伟大战略决策

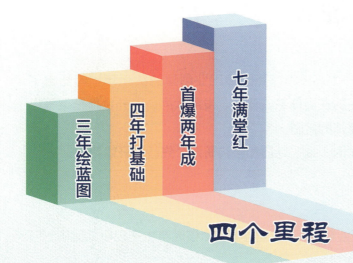

三年绘蓝图

四年打基础

首爆两年成

七年满堂红

四个里程

里程一　三年绘蓝图

　　1955—1958 年，我国核工业创建的头三年，勾画出了我国核工业的发展体系、体制、发展大纲、对外合作框架等构成的一幅完整的蓝图。

　　与此同时，铀矿地质和核科研两个先行者开始建设。

　　体系：即铀矿探采、核科学研究、核燃料生产和核武器研制四大体系。

　　体制：即中央直接领导，国家工业部统一组织。

　　发展目标：制定《关于 1956 年至 1967 年发展原子能事业计划大纲》，建立一个独立的、完整的核工业体系。

　　对外合作框架：中苏签订了 6 项合作协定。最主要的是 1956 年 8 月签订的《原子能工业协定》和 1957 年 10 月签订的《国防新技术协定》。

　　为什么在 1957 年 10 月签订《国防新技术协定》？1954 年（国庆 5 周年），苏共中央第一书记赫鲁晓夫访华。10 月 3 日，中苏两国举行高层会谈，赫鲁晓夫问，你们还有什么要求？毛主席说，我们对原子能、核武器感兴趣，希望你们在这方面对我们有所帮助，使我们有所建树。赫鲁晓夫原意想提高援华质量，但没想到冒出这么一个敏感问题，他愣了一会儿说，搞这个东西太费钱了，我们这个大家庭有了核保护伞就行了，无须大家都来搞，目前你们不必搞这些东西。

毛主席说，也好，让我们考虑考虑再说。

那么为什么事隔 3 年，又签订了协定呢？1956 年 2 月，苏共召开二十大后，苏共中央高层斗争激烈，国外发生了波匈事件，赫鲁晓夫处于内外交困，亟需大党、大国支持他，所以他力排众议签订了这个协定。可见，这个条约的基础不牢，是权宜之计。所以，当 1959 年国际上掀起核禁试风时，苏方就以此为由，撕毁了这个协定，撤走了专家。

1955—1958 年，我国与苏联签订的 6 项合作协定

时间	名称	主要内容
1955 年 1 月 20 日	关于在中华人民共和国进行放射性元素的寻找、鉴定和地质勘察工作的议定书	中苏两国在中国境内合作普查勘探铀矿
1955 年 4 月 27 日	关于苏维埃社会主义共和国联盟援助中华人民共和国发展原子核物理研究事业以及为国民经济发展需要利用原子能的协定	苏联帮助中国建造一座重水型实验性反应堆和一台回旋加速器
1956 年 8 月 17 日	关于苏维埃社会主义共和国联盟援助中华人民共和国建设原子能工业的协定	苏联援助中国建设一批原子能工业项目和进行核科学技术研究用实验室
1956 年 12 月 19 日	关于苏维埃社会主义共和国联盟对中华人民共和国在铀矿普查勘探方面给予技术援助的议定书	在铀矿普查勘探方面，由原来的两国合营改为苏联提供技术援助，中国自主经营
1957 年 10 月 15 日	中华人民共和国政府和苏维埃社会主义共和国联盟政府关于生产新式武器和军事技术装备以及在中国建立综合性原子工业的协定（简称《国防新技术协定》）	苏联同意在建立综合性的新式武器和军事技术装备方面对中国政府进行技术援助
1958 年 9 月 29 日	关于 1956 年 8 月 17 日协定的补充协定	规定多数项目的完成期限是 1959 年和 1960 年

里程二 四年打基础

　　1958—1962 年这四年里，集中力量建设核燃料、核武器骨干厂矿（即核工业第一批厂矿）和配套设施共 30 个项目，为"两弹一艇"的研制奠定了物质基础。

　　核工业第一批厂矿即甘肃酒泉的四〇四厂、甘肃兰州的五〇四厂、青海海晏的二二一厂、内蒙古包头的二〇二厂、湖南衡阳的二七二厂、湖南郴县的七一一矿、湖南衡阳的七一二矿、江西上饶的七一三矿、北京铀矿加工实验室。这是我国核燃料、核武器生产和研制的核心基地。

安营扎寨开工建厂

里程三　首爆两年成

　　在前面七年工作的基础上，原子弹的研制已从量变进入质变，1962 年制定了我国第一颗原子弹爆炸的"两年规划"，即《1963、1964 年原子武器、工业建设、生产计划大纲》。为加强对原子能工业的领导，中央成立了以周恩来总理为主任的中央专委。

　　倒排进度，顺提措施，各项工作进展顺利。原子弹模拟装置冷试验、高浓铀产品、核心部件加工等提前完成。1964 年 10 月 16 日，我国第一颗原子弹爆炸成功。

张蕴钰、张爱萍、朱光亚、刘西尧、李觉、吴际霖（从右至左）等在现场庆贺首次核试验成功

中央专委由周恩来总理任主任，贺龙、李富春、李先念、薄一波、陆定一、聂荣臻、罗瑞卿七位副总理，赵尔陆、张爱萍、王鹤寿、刘杰、孙志远、段君毅、高扬七位部长级干部任委员。它是一个权力机构（非一般议事领导机构），从成立到第一颗原子弹爆炸前，开了9次会议，解决了100多个重大问题。

国家拥有原子弹是国家安全和构建大国地位的基石。外交部有一个统计，核爆前（1949—1964年）与我国建交的是49个国家，核爆后10年内（1965—1975年）与我国建交的是107个国家。

中美为什么建交？说到底，就是中国强大了。其中，重要一条，就是中国有了"核牙齿"。

里程四　七年满堂红

在首次核爆成功后的七年时间里，完成了五件大事。

第一颗氢弹试验成功

第一艘核潜艇下水

原子弹武器化

五件大事

生产堆及后处理厂建成

三线二套核燃料、核武器厂建成

首次核爆成功后，面临三大任务。

一是武器化。因为首次核爆是在102米铁塔上进行的，要向空投、导弹迈进。

二是完整性。还要建钚生产线，研制氢弹和核潜艇。

三是安全性。首爆后，引起美、苏和台湾当局的关注和敌视，公开叫嚣要对中国核工厂施行"绝育手术"，所以要抓紧三线二套核燃料、核武器基地建设。核工业三线建设，从1965年开始，集中在四川、陕西。

三线建设的高通量实验堆

从1955—1971年历经16年，"两弹一艇"取得全面成功。

总之，核工业创业史是一部毛主席、周总理等党和国家领导人亲自缔造、全国人民大力协同的历史，也是核工业人艰苦奋斗、为国争光的历史，彰显了"爱国"和"奉献"的力量，彰显了核工业精神的力量！

02

我国核工业（初创期）
体系与大事缩影

核建筑安装系统　核安全防护系统　核工程设计系统

核科研院所系统

核仪器设备系统

同位素应用系统

铀矿地勘系统

核武器研制系统

铀矿开采水冶系统

核反应堆工程系统　核燃料系统

核工业体系结构简图

　　"体系与大事"——我国核工业第一次创业的缩影，集中反映我国核工业的工程建设、企业文化和政治大事，以及产业概貌，是对"两弹一艇"简史的形象表达。

　　产业，即铀、钚、热核材料三大系列产品的生产、加工与装配。

中国核工业总公司（原二机部）大楼正门

开业之石

1954 年在广西发现的新中国第一块铀矿石，被称为"开业之石"。时任地质部副部长刘杰向毛主席、周总理作了汇报，毛主席说，我们国家也要发展原子能。

开业之石

毛泽东等中央领导研观过的铀矿石标本

1954 年新中国发现的第一块铀矿石

1955年1月14日，周总理办公室台历上的备忘录

1955年1月15日，中共中央书记处扩大会议（场景复原）

　　1955 年 1 月 15 日，毛主席主持召开了中央书记处扩大会议，决定创建我国核工业，研制原子弹。

　　参加会议的有李富春、彭真、周恩来、毛泽东、刘少奇、邓小平、薄一波（从左至右）七位中央领导。刘杰、钱三强、李四光（从左至右）列席了会议，并汇报了我国原子能科研和铀资源情况。

"一堆一器"——中国跨进原子能时代的标志

我国第一座重水研究反应堆

我国第一座重水研究反应堆（7000 千瓦），连同平行建设的回旋加速器（磁极直径 1.2 米），被称为"一堆一器"，于 1958 年 9 月 27 日在北京原子能研究所建成并交付使用，标志着我国跨进原子能时代。

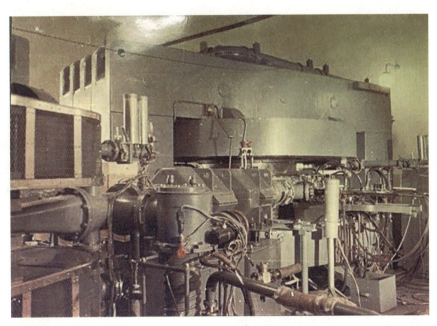

我国第一台回旋加速器

1958 年 7 月，二机部批准九局在北京地区筹建核武器研究所。同年 10 月，启用"北京第九研究所"名称，标志我国核武器研制机构正式诞生。从此迈开砥砺奋进的步伐，开创"两弹"研制业绩。

原北京九所办公楼

中物院绵阳基地雕塑

711

第一功勋铀矿

我国第一座工业化开采的铀矿山——
七一一矿，被誉为"第一功勋铀矿"。

七一二矿

七一三矿

我国第一座大型铀水冶厂——二七二厂

　　二七二厂、七一一矿、七一二矿、七一三矿的建成，标志着我国天然铀生产线建成。

北京铀矿加工实验室

　　我国第一座铀浓缩扩散厂（兰州五〇四厂）。1964年1月14日，兰州五〇四厂拿出高浓缩产品。

气体扩散法分离铀同位素的扩散级联大厅，全长 600 余米，
安装了 3 种型号扩散机。在天车上俯视，一望无际的机器海洋，
非常壮观

二〇二厂的锂同位素分离交换塔组。它的投产，标志着我国首条热核材料生产线建成。

二〇二厂外景

锂同位素分离交换塔组

生产堆分厂全景

后处理厂外景

　　四〇四厂的生产堆和后处理厂的投产，标志着我国钚生产线建成。

　　四〇四厂是我国核工业规模最大、体系最完整的科研生产基地。厂区、生活区占地面积为 1225 平方千米，与香港面积相当。

在青海湖北岸、金银滩草原上创建的我国第一个核武器研制和生产基地，代号"二二一"。

　　这个核武器总装厂为我国第一颗原子弹、第一颗氢弹和前16次核试验作出了贡献。

　　1995年宣布退役，退役后在青海湖旁建立了原子城纪念馆。

我国第一个核武器研制基地鸟瞰图

毛主席对罗瑞卿呈送的关于加强原子能工业领导问题的报告上作的批示

　　1962 年 9 月，二机部向中央呈送报告，争取在 1964 年，最迟在 1965 年上半年爆炸第一颗原子弹。

　　10 月，中央政治局讨论并批准了二机部的报告。

　　11 月，毛主席批准成立中央专委并批示。

　　这标志着我国原子弹研制进入倒计时的新阶段。

我国空投的第一颗原子弹模型

我国第一颗氢弹模型

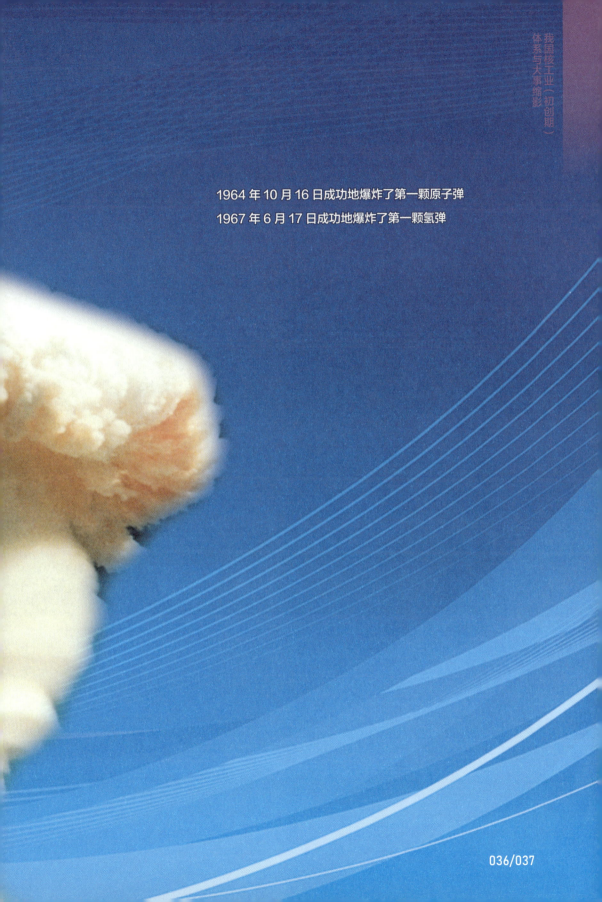

1964 年 10 月 16 日成功地爆炸了第一颗原子弹

1967 年 6 月 17 日成功地爆炸了第一颗氢弹

现役最先进的核弹"东风 -41"，在国庆
70 周年阅兵中首次亮相，引起国内外关注。
"东风 -41"射程可覆盖全球战略目标。

装载核弹头的"东风 –2A"导弹（1966 年 10 月 27 日，首次导弹核武器试验成功）

装载核弹头的"东风 −41"导弹

第一座核潜艇陆上模式堆厂址

我国第一艘核潜艇

我国第二代核潜艇"长征 10 号"新型战略
核潜艇，是我国自主建造排水量最大的核潜艇。
2019 年 4 月，在青岛举行的国际阅舰式上亮相，
是国家重要海基核力量的代表。

"长征 10 号"

03

核工业精神和创业故事

我国核工业的发展历程

我国核工业的创建和发展，按照历史脉络可分为三个阶段。

（一）核工业第一次创业，主要任务是建设核科技工业体系，研制"两弹一艇"；

（二）核工业第二次创业，贯彻"保军转民"方针，发展核电、核燃料、核技术应用三大产业；

（三）新时代开启新征程，建设先进核科技工业体系，建成核工业强国。

核工业第一次创业时期，成功研制出"两弹一艇"，建立了比较完整的核科技工业体系，打下了核电发展的基础。

第一次创业
（1955—1985 年）

核工业第二次创业时，实现了中国大陆核电"零"的突破，从"国之光荣"秦山核电厂到"国家名片"'华龙一号"第三代核电，现了核电的规模化发展批量化出口。

核工业将筑牢中华民族伟大复兴的安全基石，支撑实现碳达峰、碳中和国家战略，更好地服务国防建设和经济社会发展，把我国建设成为世界核工业强国。

第二次创业
985—2015 年）

新时代 新征程
（2015—）

核工业人的精神谱系

　　六十多年来，我国核工业在创业征途中，既创造了举世瞩目的业绩，也积淀了丰厚的文化底蕴和精神财富。

　　在核工业第一次创业中，孕育形成了"热爱祖国、无私奉献，自力更生、艰苦奋斗，大力协同、勇于登攀"的"两弹一星"精神。同时，形成了"事业高于一切，责任重于一切，严细融入一切，进取成就一切"的"四个一切"核工业精神，是"两弹一星"精神在核工业的生动实践。

　　进入新时代，中核集团紧密结合新时代核工业的新使命、新奋斗、新征程，凝炼形成"强核报国、创新奉献"的新时代核工业精神。

秦山核电全景

"两弹一星"
精神

孕育

"四个一切"
核工业精神

凝

炼

新时代
核工业精神

"两弹一星"精神

热爱祖国　无私奉献

蕴含爱国主义情怀

自力更生　艰苦奋斗

体现优良民族传统

大力协同　勇于登攀

彰显团结创新精神

"四个一切"核工业精神

形成于第一次创业，发展于第二次创业，在新时期又将新的理念融入其中。在我国核工业创建 50 周年时，凝炼提升了"四个一切"核工业精神。

事业高于一切

责任重于一切

严细融入一切

进取成就一切

同期，《人民日报》评论员文章"创造核工业发展的新辉煌"、《求是》杂志文章"凝聚惊天力 再铸新辉煌"，都突出阐述了核工业精神。

"四个一切"核工业精神

集中表现了核工业人的爱国情怀、社会责任、创新精神。

事业高于一切
责任重于一切

彰显核工业人的爱国情怀和社会责任。

严细融入一切
进取成就一切

显示核工业人的大国工匠和创新精神。

"四个一切"核工业精神

集中表达了核工业人文化理念和管理思想的两重性。

事业高于一切

是核工业企业文化之"魂"。

责任、严细、进取

是核工业企业管理之"道"。

"四个一切"核工业精神集中反映了"高科技战略产业"的两条文化本征线。一条是核军工文化，就是以强军报国为己任，以兴核强国为追求；另一条是以尖端科学为基础的理工文化，即以严格、细致、准确为行为准则，表现出高度科学性、严密性、精确性。那就是——

事业责任大于天，严细进取记心间

"四个一切"核工业精神是科学家的"创新精神、求实精神"，人民军工的"甘于奉献、军工报国"精神和"精益求精、追求极致"的大国工匠精神的融合和结晶。

我国核工业创业初期的基本队伍，由科学家、留苏生、各校毕业生，老工业基地的技工、技师和部队转业的中高级干部组成。他们为核工业人带来了优秀的文化基因。

2010 年 7 月 9 日，中央领导张德江同志在视察四〇四厂时指出：

"希望中核集团认真总结 '中核精神'，发扬光大。"

2010 年，张德江同志在纪念核工业创建 55 周年会上说：

"'四个一切'精神，不仅是核工业的精神，也是我们党的精神，我们国家的精神，我们民族的精神。"

"两弹一星"精神是 20 世纪中国人民自强不息艰苦奋斗的可贵民族精神,"四个一切"核工业精神是国企精神的杰出代表,是对社会主义核心价值观的丰富表达,是国有企业改革发展之魂和宝贵的无形财富,在新时代要大力弘扬和传承。

——国务院国资委宣传局

"四个一切"的核工业精神,体现了爱党、爱国、爱核工业三位一体,是我们核工业人的铮铮风骨和傲人品格。这种精神贯穿整个核工业的发展历程,激励着一代代核工业人献身核事业发展,是核工业永恒的精神财富,也是核工业持续发展的强大动力。在新的历史时期,我们只有大力发扬核工业精神,薪火相传,永不褪色,才能无愧于党和人民的嘱托,无愧于老一辈核工业人的辛勤付出,无愧于自己的生命价值。

——中核集团党组庆祝建党 90 周年报告

核工业精神
事业高于一
切责任重
于一切严细
融入一切进
取成就一切

刘杰九十六

二机部部长刘杰题词

传承"两弹一星"精神、核工业精神

1999年9月18日，中央召开"两弹一星"表彰大会，授予于敏、王大珩、王希季、王淦昌、邓稼先、朱光亚、任新民、孙家栋、杨嘉墀、吴自良、陈芳允、陈能宽、周光召、赵九章、姚桐斌、钱骥、钱三强、钱学森、郭永怀、黄纬禄、屠守锷、彭桓武、程开甲23位科技专家"两弹一星"功勋奖章。

人民大会堂三楼眺台上悬挂"两弹一星"精神条幅——**热爱祖国、无私奉献，自力更生、艰苦奋斗，大力协同、勇于登攀。**

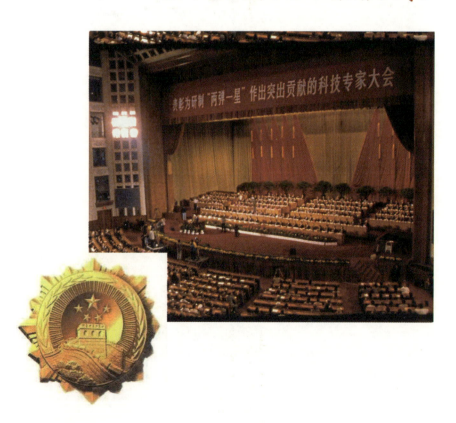

"两弹一星"表彰大会

2007 年 9 月 10 日，国务院国资委、国防科工委在人民大会堂召开传承"核工业精神"报告会。

二楼眺台上悬挂"四个一切"核工业精神条幅——事业高于一切，责任重于一切，严细融入一切，进取成就一切。

传承"核工业精神"报告会

新时代核工业精神的提出和内涵

2015年，习近平总书记就我国核工业创建60周年作出重要指示，提出三个坚持（安全发展、创新发展、和平利用核能）、一个全面（全面提升核工业的核心竞争力）。这是一个全局性、方向性、战略性的指导方针，为新形势下我国核工业发展指明了方向。站在实现"两个一百年"奋斗目标的历史交汇点上，中核集团积极响应习近平总书记和党中央的战略部署，提出建设先进核科技工业体系、打造世界一流核工业集团、推动建成核工业强国的新时代"三位一体"奋斗目标，努力实现核大国向核强国的历史飞跃。新时代核工业人以强核报国为己任，谱写创新奉献新篇章，在传承弘扬"两弹一星"精神和"四个一切"核工业精神的基础上，凝炼形成"强核报国、创新奉献"新时代核工业精神。

新时代

实现新目标

创造新辉煌

需要新精神

步入新时代

激励核工业人点燃心中那团火

进一步提升干事创业精气神

完成好国家重大任务

推动核工业高质量发展

新时代核工业精神

强核报国　创新奉献

强核是事业。核工业是高科技战略产业，是国家安全重要基石。新时代，核工业迎来了"两弹一艇"以来又一个重要发展机遇期。我们要深入贯彻落实习近平总书记重要指示批示精神，不忘初心，牢记使命，勇担国任，敢于开拓，奋力实现"强核强国、造福人类"的历史使命和"三位一体"奋斗目标。

报国是责任。筑牢国家安全基石、建成世界一流核工业强国是我们的历史责任。我们要胸怀大局，心有大我，至诚报国，把爱国之情、报国之志融入核工业建设的伟大事业之中，忠于事业，坚守责任，出色完成国家战略任务，服务于建设现代化强国、实现民族复兴的伟大目标，续写我国核工业新的辉煌篇章。

创新是动力。创新是推动高质量发展的需要，是企业制胜的动力和法宝。建设先进的核科技工业体系，成为国际核科技发展的引领者，都需要强大科技支撑。我们要面向世界科技前沿，顺应科技发展潮流动态，抢占科技创新的制高点，寻找重大突破，不畏挫折，敢为人先，在独创独有上下功夫，在解决受制于人的重大瓶颈问题上强化担当作为，着力攻克事关国家安全的基础前沿难题和核心关键技术。

彭士禄：只要祖国需要，我愿贡献一切

奉献是境界。无私奉献是核工业的光荣传统。做强做优做大国有企业需要有一种为国家为人民真诚奉献的精神。我们要坚持国家利益至上，继承和发扬核工业人"干惊天动地事、做隐姓埋名人"的优秀品质，以建设核工业强国为己任，淡泊名利，勤奋钻研，奋力攻关，不求回报，甘做强核事业的付出者，要不慕虚荣，不计名利，甘做致力提携后学的"铺路石"和领路人。

祖国需要我

作词 本 存
作曲 臧建筑

茫茫的戈壁滩，是我的本色，
站在这大漠上，我听大风歌，
拓荒的足迹，走进共和国的史册，
我对太阳说，我爱祖国，我爱祖国！
我爱祖国，祖国需要我，
铁马金戈我是核，我是核，
以身许国，我是奉献者，
我为祖国承诺，
祖国把我寄托。

奔涌的浪花里，有我的执着
站在这海岸线，放飞白兰鸽，
腾飞的巨龙，绘就新时代的伟业
我对蓝天说，我爱祖国，我爱祖国！
我爱祖国，祖国需要我，
陆海空天我是核，我是核，
强核报国，我是创新者，
我是祖国儿女，
祖国是我山河。

核工业创业精神的形成和创业故事

在我国核工业第一次、第二次创业进程中，核工业人在中央关怀、培育下，在创业实践中，在与时俱进发展中，形成了"两弹一星"精神、"四个一切"核工业精神，谱写了无数感人肺腑的动人事迹。

① 核工业精神是中央培育、上（中央）下（企事业）结合互动形成，也就是国家力量铸就的

② 核工业精神是广大职工在建设和攻关过程中锤炼形成，也就是伟大的事业铸就的

③ 核工业精神是与时俱进在发展中形成，也就是时代进步铸就的

1 核工业精神是中央培育、上（中央）下（企事业）结合互动形成，也就是国家力量铸就的

- 中央把沉甸甸的责任交给核工业人
- 中央领导反复告诫核工业人，要自主创新、开拓进取、艰苦创业
- 中央领导多次强调，要稳妥可靠、万无一失

　　这里可分三个层次。第一层次，中央把沉甸甸的责任交给核工业人，从而形成事业高于一切，责任重于一切的思想理念和价值观。第二层次，中央领导反复告诫核工业人，要自主创新、开拓进取、艰苦创业，从而形成进取成就一切的民族自立、自强的风格。第三层次，中央领导多次强调，要稳妥可靠、万无一失，从而形成严细融入一切的行为准则和工作作风。严细就是以科学的态度作学问，以严谨求实的作风搞工程。

毛泽东
毛主席嘱咐刘杰部长说，这是决定命运的事哟，好好干呀！

周恩来
周总理说，你们核工业四个厂子不但是全国人民的最高利益所在，而且是世界人民利益所在。

陈毅
陈毅外长 1962 年在北戴河问刘杰部长：你们那个东西什么时候能"交货"呀？你们交了货，我这个外交部长的腰杆子就更硬了。

　　毛主席、周总理听取刘杰部长关于发现铀矿石汇报后，毛主席握着刘杰的手说，刘杰啊！这是决定命运的事哟，好好干呀！

　　周总理指的四个厂子是指西北三厂（四〇四、五〇四、二二一）和包头二〇二厂。总理的表达严格地把握分寸，是非常准确的，对"中国人民"用了"最高"，在"世界人民"后就未用"最高"。所以，不是一般的鼓励与赞誉，而是客观准确的评价。

　　这些殷切的期望与重托，加深了核工业人对责任和使命的理解，极大地增强了核工业人的事业心和责任感。

　　想一想，有哪个行业，哪座工厂，哪个产品，称得上与国家命运相关？是"两个利益"所在？可以支撑国家外交实力？

毛泽东 要先学正楷，再练草书。

毛泽东 要尊重苏联同志，刻苦虚心学习。但一定要破除迷信，打倒贾桂！贾桂（即奴才）是谁也看不起的。

邓小平 （"两弹一星"）这些东西反映了一个民族的能力，也是一个民族、一个国家兴旺发达的标志。

　　"先学正楷，再练草书。"这是宋任穷部长向毛主席汇报时，毛主席的一段指示。当时背景是全国开展大搞技术革新运动，五〇四厂职工也跃跃欲试，想在扩散机主工艺上搞革新。毛主席听了汇报后说，这个原子堆、铀－235，你们还没有掌握好，怎么就动手改呢？首先，掌握好了，然后才能去改。比如，写字，先得学正楷，再学写行书，然后再练草书。

我国第一条浓缩铀生产线扩散主工艺老厂房一角

中央领导的亲切关怀和反复教导，培育了核工业人的科学作风、进取精神和自主创新的民族精神。

江泽民

在这个世界上，最后还是要拼实力的。我们要卧薪尝胆，一定要争这口气！

　　江泽民同志这段话是在"995 事件"，即我驻南斯拉夫使馆被炸后讲的。他说，如果没有当年毛主席、周总理领导我们在非常困难条件下，搞出原子弹、氢弹和人造卫星，我们不会有今天这样的局面，恐怕早就挨打了。

我们一定要奋发图强、卧薪尝胆，把核工业搞上去，争这口气！

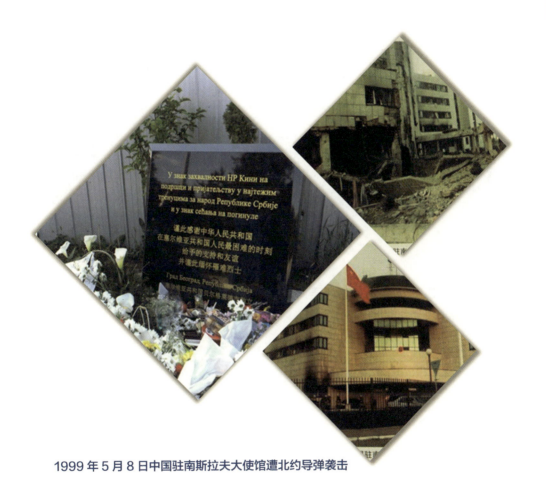

1999 年 5 月 8 日中国驻南斯拉夫大使馆遭北约导弹袭击

　　2019 年 5 月 8 日，"炸馆事件"20 周年，使馆旧址纪念碑前摆满了鲜花。20 年前，大使馆大楼遭北约导弹空袭，炸成了废墟，数十人被炸伤，三人不幸罹难。

　　大使馆被认为是一国的领土。假如国家没有实力，历史不是不会重演。

胡锦涛

核工业要再接再厉，乘势而进，不断深化改革，不断提高自主创新能力，不断提高现代管理水平，促进我国核工业又好又快又安全地发展。

2002 年 6 月，胡锦涛同志在视察秦山核电站时，提出"发展民族核电"的重要思想。

习近平

60 年来，几代核工业人艰苦创业、开拓创新，推动我国核工业从无到有、从小到大，取得了世人瞩目的成就，为国家安全和经济建设作出了突出贡献。核工业是高科技战略产业，是国家安全重要基石。要坚持安全发展、创新发展，坚持和平利用核能，全面提升核工业的核心竞争力，续写我国核工业新的辉煌篇章。

习近平总书记的指示是一个全方位、含义深刻的指导核工业持续发展的重要指示，强调要艰苦创业、开拓创新，要安全发展、创新发展，并对核能开发利用提出全面要求。

在员工思想素质和严细作风方面，周总理的指示

最多、最具体、最精辟

周恩来

> 二机部的工作，要做到有高度的政治思想性，要求有平凡而伟大的风格，要有终身为这门事业的思想；高度的科学计划性，要求一环扣一环，采取科学的态度和科学的方法；高度的组织纪律性，克服松、散、乱、慢的现象。

这是周总理为实现"两年规划"向二机部提出的"三高"要求。

| 周恩来 | 对原子能工业的生产、建设和核武器的研究、试验提出："实事求是，循序而进，坚持不懈，戒骄戒躁。" |

| 周恩来 | 对核试验提出："严肃认真，周到细致，稳妥可靠，万无一失。" |

| 周恩来 | 对核潜艇研制提出："充分准备，一丝不苟，万无一失，一次成功。" |

这三个"十六字令"，是核事业永恒的座右铭。在周总理的教导下，核工业人严细成风，严细融入一切，可称当代"核安全文化"（IAEA提出）的原型。

在五〇四厂，主工艺操作有四句话：

现场作业按程序（严格按许可证、操作票）

重大操作双人制（一人操作一人监督）

电话指令要复诵（现场与控制室联络）

交接报告用书面（口说无凭，文字为据）

　　中央领导这些指示、教导,是核工业精神的理论基础,是正面激励的力量;苏联撤走专家、三年经济困难的两大危机,则是从反面激发了核工业人的斗志,形成倒逼机制,客观上为加快自力更生发展我国核工业提供了动力。

　　核工业经受住了两大危机的考验。

　　工程建设上,1959年6月苏联发出撤离专家信号,核工业第一批厂矿开始建设不久,设备、资料远未到齐。

　　生活上,受经济困难影响,四〇四厂只有3天存粮;五〇四厂三分之二的人浮肿,1000多人住院;二二一厂职工每人每月主食24斤青稞谷子混合粉,副食严重短缺,职工们到青海湖捕鱼,到草原打猎解决饿肚子问题。

　　在全国经济极为困难的情况下,中央为西北三厂设立二级批发站,以一个省的供应指标下达各类商品和副食,核工业人得到了中央得天独厚的关怀。

　　在有外援的时候，核工业人没有依赖，而是坚持"自力更生为主，争取外援为辅"，坚持做好三项工作。

组织一支以著名科学家为带头人的专业科技队伍

建立独立完整的核工业体系

坚持在核心技术上做到知其所以然，坚持"理论先行""以任务带学科"

加强了能力建设

克服了由于停援带来的巨大困难，加快了前进的步伐

科技攻关法宝　做好三项工作

为了攻克两大难关，精心做好三项工作，也是科技攻关的三大法宝。每一领域都配有顶级科学家，核武器系统有王淦昌、彭桓武、郭永怀、邓稼先、于敏等；铀浓缩系统有王承书、吴征铠、钱皋韵、刘广均等；反应堆系统有彭士禄、赵仁恺、欧阳予等；化工冶金有曹本熹、张沛霖、姜圣阶、王方定、杨承宗等；辐射防护系统有李德平等。

在叫天天不应、叫地地不灵的情况下，广大科技人员没有急躁慌乱，而是稳扎稳打，理论先行，"知其所以然"后再干，终于攻下一个又一个难关，各项事业取得全面成功。

综上所述，中央的指示、引领，以及物质和人才的支持，都是国家力量的体现。

核工业精神是广大职工在建设和攻关过程中锤炼形成，也就是伟大事业铸就的

如果上面讲的核工业精神是在特定的国家背景和国际环境中形成的，属于时势造英雄范畴，那么这一部分，就是讲核工业人如何在创造物质财富的同时，创造出灿烂的精神文明。

> 核工业人在中央的关怀和全国人民的支持下，能够在艰苦的环境里，干出惊天动地的事业，重要的是对于责任、对于使命的理解和认识……为了完成这样的使命，实现这样的责任，成千上万的职工在茫茫无际的戈壁荒原，在人烟稀少的深山峡谷，隐姓埋名，以身许国，风餐露宿，不辞辛劳，经受了各种艰难险阻的考验。
>
> ——核工业创建 50 周年总结

"隐姓埋名、以
身许国"是对以王淦
昌为代表的一批优秀
科学家的真实写照

王淦昌，我国核科学与核武器研制的奠基者和开拓者之一。
当祖国需要他承担原子弹研究任务时，他毅然表示："我愿以身许国。"
从此，他改名王京，默默无闻地在祖国大西北安营扎寨。

王老在微观粒子研究上造诣很高。他是国际上提出探测中微子
实验方法的第一人，后又在杜布纳联合核子研究所发现反西格玛负
超子，被誉为 "与诺贝尔奖擦肩而过的人"。当祖国需要他承担新任
务时，那些个人爱好、个人成就都置之度外。

他开创了原子弹、氢弹和地下核试验的国家工程。

王老80寿辰留影，前排左起：周培源、严济慈、王淦昌、赵忠尧、钱学森

　　王老的魅力还体现在他的科学洞察力和追求真理的科学态度。

1964 年提出
激光核聚变的新概念

1986 年 3 月提出
发展高科技设想

　　1986 年 3 月，他和王大珩、杨嘉墀、陈芳允一起提出"发展我国高技术的建议"，得到邓小平同志的首肯，并设立"863"国家高技术研究发展计划。

郭永怀，我国近代力学奠基人之一。为了回国效力，在美国康奈尔大学一次野餐晚会上，他不惜一切，烧掉了珍贵的科研手稿和讲稿，以明回国之志。

郭永怀、彭桓武两位科学家和王淦昌一起，被称为"两弹"三大台柱，王淦昌负责实验，彭桓武负责理论，郭永怀负责结构、飞行等力学问题。

他对别人要求严，对自己更严。在总结报告上，他毫不犹豫地把自己的名字划掉了。他说："我们是做领导工作的，研究工作我们都要管，如果每项成果都署我们的名字，那不得了！很多人不懂得，我们这些人早在回国的时候，就把名啊、利啊都放在一边了。"

郭永怀（左）在实验室

彭桓武（左）和宋任穷（右）、周光召（中）在一起

彭桓武： 集体　　集体　　集集体
　　　　 日新　　日新　　日日新

彭桓武：回国不需要理由，
          不回国才需要理由。

王淦昌（左1）、彭桓武（左2）、郭永怀（左3）、邓稼先（右2）在核试验场区

聂荣臻元帅（中）、李觉副部长（右）、钱学森院士（左）在核试验场

聂荣臻：二机部工作我亲自管。

邓稼先，原子弹理论设计的负责人，他指挥实施了 15 次核试验。在病重时，他还向中央提出关于核试验的建议，在离开我们前，说的最后一句话是：不要让人家把我们落得太远。

邓稼先投身两弹事业整整 28 年，他身上的担子有多重，他的贡献有多大，可用刘杰部长的一段话表达。刘杰部长说，中国研究原子弹的龙头在二机部，二机部的龙头在九院，九院的龙头在理论部。邓稼先是理论部主任。

邓稼先：假如生命终结之后能够再生，那么，我仍选择中国，选择核事业。

在"九次计算"的一天深夜，邓稼先和一批年轻科研人员加班完成原子弹理论设计参数计算后回家时，发现他的两个孩子，互相偎依着，歪倒在楼梯口，在瑟瑟的寒风中睡着了。他这才想起，爱人今晚值夜班。可怜的孩子进不了家门，大概连晚饭还没有吃上呢！他面颊使劲贴着孩子脸说："原谅爸爸吧，请原谅……我们成功了，好孩子……"

所谓"九次计算"就是，1960 年 4 月因原子弹设计中的重要参数与苏方结论不相吻合，所以邓稼先组织一帮年轻人用了 9 个月时间重复进行了九次计算。后来，华罗庚说，这是集世界数学难题之大成。

于敏，我国核武器理论研究和设计的主要组织领导人之一。
1965 年 9 月至 12 月，于敏带领科研团队完成了氢弹研制的"百日会
战"，突破了氢弹原理和构型。

于敏：中国不能没有自己的核
力量，我愿为国家和民族的事
业献出自己的一切。

曹本熹，著名化工专家，我国核燃料事业开拓者之一，出色地领导了铀、钚、锂、氚的试制和生产任务。

搞核燃料生产要进入沙漠荒原。曹教授回答：只要是为了科学，就不考虑在什么地方。

曹院士贵在：
低调做人，高调做事。

曹院士有句口头禅："我是共产党员，生活上不需要特殊照顾。"
他把共产党员当作自己第一身份，无论住房、坐车他都先人后己。

他深入现场，指导几个核燃料厂攻克技术难关，解决重大生产
技术问题。

王承书，我国著名女科学家，铀同位素分离事业的理论研究奠基人。

"你愿不愿意隐姓埋名一辈子？"王承书回答：我愿意！

为了铀浓缩事业，她 20 年住在单身宿舍，为工厂提前投产立了大功。

　　王院士从 1958 年任北京房山原子能研究所室主任到 1978 年任核工业部科技司总工，整整 20 年与丈夫和唯一的儿子聚少离多，常年住在原子能院 17 号楼。

　　每周一从城里乘班车去原子能院，周六乘班车回在中关村的家，吃在食堂，住在单身宿舍。正在上小学的儿子 7 天才能见妈妈一面。

　　王承书指导下的计算组把五〇四厂扩散级联九批启动七批拿产品改为五批拿产品，提前 113 天拿出高浓缩铀产品，确保了 1964 年下半年爆炸我国第一颗原子弹。

　　王院士回忆说，我们带着电子计算机计算的结果到五〇四厂，在现场观察机组启动后，机组内的铀-235 丰度随时间变化的曲线。白天守在计算科，晚上在招待所等电话，1964 年元旦也是这样在工厂里度过的。

　　王承书院士将大量的精力和时间放在对年轻一代的培养上，用自己的肩膀撑起了青年人成长的平台。

"将一生积集的技术资料、书籍赠给天津三院，留下的积蓄除8000元给未婚姐姐外，全部交希望工程和最后一次党费。"

她的遗言表达了一位共产党员赤诚无私的胸怀。

王承书留下的遗愿

优秀人物和动人的事迹在核工业队伍中还有很多。在我国核工业创建65周年之际,为致敬表彰为我国核工业创建、发展做出卓越贡献的典型代表,发布了"核工业功勋榜",71名优秀代表首次上榜。

功由才成 业由才广

"戈壁荒原、风餐露宿、不辞劳苦",是对以四〇四厂职工为代表的创业初期核工业人的生动刻画。

风沙很大

饮水很困难

建厂初期的四〇四

睡觉全副武装

孩子没见过树木

四〇四厂创业初期,在戈壁滩不毛之地上,风沙很大,大风能把沙子吹起来,天长日久把汽车挡风玻璃都打毛了。严重缺水,水比油贵一点也不夸张。一盆水早晨洗完脸,留下来洗衣服,最后用来和煤。在帐篷里睡觉要戴口罩、戴帽子,大家风趣地说,全副武装睡觉。

更伤感的是,在那儿出生的孩子没有见过树木,只见过遍地的骆驼草。节假日去玉门镇玩,看到树木,孩子们新奇地说,好大的骆驼草呀!

八〇一工程现场指挥部及建设场景

四〇四厂职工在工地用餐

原三刀的故事

组织上决定让原公浦参加铀核心部件的加工。整整半年时间，他用模拟部件在球面车床上反复进行加工训练，瘦了十多公斤。当加工高浓缩铀部件任务下达后，成品对光洁度要求极高，尺寸要求极为严格。特别是最后三刀，每进一刀都由专人测量检验，三刀过后，产品全部达到设计标准，完成铀核心部件的加工任务。以后，大伙儿亲切地称他为"原三刀"。

原公浦和当年的球面车床

原公浦是四〇四厂优秀车工，他深深地意识到手上的核心部件，是从几十万吨铀矿石中提炼，又经过几千台扩散机浓缩出来的，是十几万职工心血与汗水的结晶。

原公浦回忆当时情景说，车间里的气氛沉着而又严肃，我的心理压力也很大，毕竟是全部希望寄托在我身上。我集中精力细心加工，特别是最后三刀那几乎是用生命刻画的三刀。

他还风趣地说，我姓原，原子弹的原，看来命中注定与原子弹有缘。

抢建扩散厂的故事

我国第一座铀浓缩扩散厂的建成投产也是"进取成就一切"的真实写照。当时以王介福为代表的五〇四厂领导狠抓了三件大事。
一、把主工艺厂房抢建上去
二、把苏联的扩散机等全部设备运进来
三、把专家的技术学到手

1959年6月，苏联发出撤离专家的信号，所以当时五〇四厂的使命就是"抢建"扩散厂。1959年完成厂区8大工程建设，迫使苏联从满洲里运进机器设备，12月15日前后大批生产运行专家到厂，12月18日主厂房建成。苏联专家现场检查后，提出厂房清洁度不合格。厂里立即组织1400多人，不分昼夜连续干，把厂房管线擦得一尘不染。当专家再进厂房一看，惊讶地伸出大拇指说，我佩服你们，你们都是魔术师，像变戏法一样。12月20日开始安装主机，同时组织技术人员与苏联专家交朋友，提出发扬"挤牛奶"精神，把专家的技术与经验学到手，把资料留下来。

在这紧急关头，如果没有"进取成就一切"的精神，任何一个环节有所闪失的话，我们的事业要推迟多少年，就难说了。

研制核潜艇的故事

毛主席说:

　　"核潜艇,一万年也要搞出来!"为了建设核潜艇陆上模式堆,核动力研究设计队伍告别了繁华的城市,带着崇高的使命,来到了偏辟的山沟。

当时那个地方,荒草遍野,蛇虫出没,人迹罕至。他们刚到时,住的是干打垒,喝的是泥浆水,走的是山间羊肠道。由于山区雨多,气候潮湿,蚊子又大又多,居住的工棚也成了蛇、鼠的栖身之所。

　　曾有几位因公出山的职工，走到当地老乡门前，因天热口渴，想讨口水喝。老乡见他们蓬头垢面，说话又操外地口音，竟把他们当成"要饭的"，好心人用竹篮子端出几块红薯给他们充饥。

核潜艇总设计师（从左至右）赵仁恺（负责核动力）、彭士禄（首任总设计师）、黄纬禄（负责导弹）、黄旭华（第二任总设计师、负责艇体）

彭士禄是首任核潜艇总设计师，他敢于负责、敢于拍板，使核潜艇建造紧张、快速、有序地进行。在四位总师带领下，三年建成陆上模式堆，再隔一年核潜艇下水。

一次现场调试时，彭总病倒了，经诊断是急性胃穿孔，切除了四分之三的胃。此后，他仍以顽强意志坚持工作。

2017年他荣获何梁何利奖。他先后说了三句话：奖给年轻人；奖金交组织；基金名称去掉"彭士禄"三个字。

2021年中央追授彭士禄院士"时代楷模"荣誉称号。

彭士禄是一位传奇人物。他是革命先烈彭湃的儿子，幼年时，其父母都为革命而牺牲。他8岁进监狱，10岁沦为乞丐，后辗转到香港。周总理知道后，把他接到重庆。1940年他到延安，后留学苏联，回国后参加了核工程建设。

他是我国核潜艇的元勋，也是压水堆核电站的开路人。

　　核工业人把家庭的幸福、个人的兴趣、人生的价值，与国家安全、民族自强的伟大事业统一起来，形成了周总理说的平凡而伟大的风格。

　　他们把艰苦的环境、恶劣的条件，与为国争光的抱负和革命乐观主义精神统一起来。吃苦不叫苦，受累不埋怨，一心建好工程、拿出产品、成就事业。

3 核工业精神是与时俱进在发展中形成，
也就是时代进步铸就的

核工业精神形成于第一次创业，发展于第二次创业，不断将改革开放、新时代新思想融入其中，使核工业精神得到进一步的提升和发展。

从自力更生为主到"以我为主、中外合作"；从献身事业到企业发展与员工发展和谐统一；把严格细致、一丝不苟的科学作风引申到规范的核安全文化，是一个与时俱进的发展过程。

改革开放后，"解放思想，实事求是"带来了更宽广的思想理念，使"两弹一星"精神、核工业精神得到更全面的发展：

既强调无私奉献，又要体现个人价值；

既强调大力协同，又要提倡有序竞争。

在引进技术的同时，也吸收了国外现代管理和先进文化理念，包括质保体系和安全文化。

在与国际上跨国公司交流中，对"企业文化""企业社会责任""企业诚信""企业品牌"等有了更深的理解和追求。

随着时代的进步，"两弹一星"精神和核工业精神的内涵有了进一步发展和提升，更加准确地把握"严细"与"责任"的真谛。

中核陕铀

　　在核工业第二次创业中，又涌现出一批践行核工业精神的先进典型。核电建设是核工业第二次创业的主战场，1991 年 12 月 15 日，秦山核电站实现首次并网发电，中国大陆结束了无核电的历史，实现了"零的突破"，也是中国和平利用核能的重大突破，被誉为"国之光荣""中国核电从这里起步"。在核燃料领域，经过核工业几十年的自主攻关，2013 年 6 月 21 日，中核集团宣布，铀浓缩离心技术完全实现自主化，并实现了工业化应用，达到国际先进水平。

我国核电从秦山一期到"华龙一号",历经艰苦卓绝的奋斗,创建了具有自主知识产权的三代核电技术与工程。

华龙一号
全球首堆

徐銤院士作学术报告

$$e^{\frac{\lambda\rho}{\beta-\rho}} - \frac{\rho}{\beta-\rho} \cdot e^{-\frac{\beta\cdot}{}}$$

　　先进典型，有一心扑在快堆事业上的徐銤院士；有"用生命诠释责任"的胡仁禄；有"严细融入一切"的核燃料元件技师曹子昆；有"进取成就一切"的"华龙一号"三代核电总设计师邢继；有"大国工匠"核级管道焊工未晓朋。

徐銤是快堆总工程师，他坚持自主创新，攻坚克难，全身心投入快堆研究工作。中国实验快堆已于 2011 年 7 月 21 日建成。

他从北京到四川夹江，又从夹江回到北京，在快堆研究和工程建设的风风雨雨、一波三折中，徐銤的努力与坚持起到了关键作用。

中国首座实验快堆

奋斗，迎来了核电发展的春天

　　核工业从军用转向发展民用核电，经历了曲折艰苦的历程。靠的是中央领导和支持，靠的是职工传承、践行核工业精神。20 世纪80 年代，军品大量压缩，民品尚未形成气候，核电虽然起步了，但没有后续项目。邹家华副总理说，今天我们还不能下决心大量发展核电，是苦于秦山核电站还没有建成。所以，核工业职工当时非常清苦。吴邦国副总理讲述一段往事。他说，他在清华毕业分配时，一些成绩突出的同学都分配到你们核工业部去了。现在他们待遇很低，还很艰苦，真有些不忍心呐！而我们核基地就靠对核事业的执着，发扬核工业精神，保留住了像李冠兴这样一批骨干。1999 年，李冠兴当选为中国工程院院士。

　　核工业人为了推进民族核电事业的发展，放弃了许多、承担了许多，面对繁重的任务、历史的责任与较大的风险，丝毫没有减弱他们的执著和敬业。

　　今天我们见到核电的彩虹，可不能忘记昔日核电的风雨。秦山核电的"杜拉旋风"，反对在大亚湾建核电站……如今还是记忆犹新。

　　1986 年 6 月 16 日，第六届全国人大常委会第十六次会议审议了蒋心雄部长关于发展核电的报告，常委会确定安全发展核电的方针，也是我国发展核电的立法依据。

　　经过 20 年的不懈努力，核工业人书写了中国核电建设从"成功起步"到"国产化重大跨越"，再到"工程管理与国际接轨"的三个光辉篇章。

　　正是由于我国核电的起步和示范的成功，才迎来了国家加快核电发展的春天。

　　核电技术作为创新型国家的重大成果写进了党的二十大报告中，强调要积极安全有序发展核电，强化核安全保障体系建设。核电将为我国 "双碳"目标的实现，为我国全面建设社会主义现代化国家贡献更大的力量。

　　继承"两弹一星"精神、核工业精神，践行新时代核工业精神，使其代代相传、生生不息、与时俱进、永不褪色，形成强大的凝聚力和引领力，必须在习近平新时代中国特色社会主义思想指引下，推进核工业精神时代化、大众化、常态化，在历练价值观上下功夫（简称"三化一练"）；呈现出：大局中有担当，细微处见精神，青年中看希望，传承中求创新。

一、推进核工业精神时代化，营造强大的凝聚力和引领力

传承核精神，弘扬核文化，推进核工业精神时代化，使其与践行新时代核工业精神紧密结合，赋予新时代的新内涵，将"强核报国、创新奉献"融入其中，营造具有强大凝聚力和引领力的核文化氛围。

时代在发展，环境在变化，如何使核工业精神薪火相传，永不褪色？必须做到，既要传承，又要与时俱进；既要强调奉献、担当、责任，又要提倡有序竞争，发挥个体价值。既要行胜于言，谦虚谨慎，又要敢为人先，展示自己。

　　要将争先、创优、夺冠的竞争意识和"敢闯敢试、敢为人先、埋头苦干"的特区精神融入其中，融入"进取成就一切"之中。形成一支有朝气、有实力、有担当、有追求的人才团队。培养出既能传承践行核工业精神，又有新时代风貌和气质的一代核工业新人。

二、传承核工业精神，必须大众化、常态化才能持久

核工业精神不仅是造原子弹、建核电站人所专有，她是核工业员工群体气质和品行的体现。宣传核工业精神要多讲身边的、当下的核工业精神、核工业人。要多讲本单位过去和现在的核工业精神，要让广大的员工来讲来议核工业精神，来做来行核工业精神。

下面列举当年核工业部机关普通员工的工作态度和精神风貌，以说明核工业精神是群体的行为。

当年送中南海的文件，经常要在周日加班，赶周一送去。20世纪80年代，文件印刷还用铅字排版，容易出错，三遍五遍地改，有时又过了中午12点，一些可以这样、可以那样的，就不想改了。可是文印室的小陈（秀君）却说："不差这一点，改了心里踏实。"当时，她们还很年轻，孩子还小，说不定她们在加班，孩子还在家里哭闹呢。可是，她们舍小家、顾大家、为公家。

他们的精神贵在把一份常人认为不太显眼的工作，当作事业来干。在他们眼里，事业高于一切，就是工作高于一切。把自己的岗位看作是组织交给自己的责任。处处高标准、严要求，动脑筋、想办法，把难以办到的事，办得使人格外满意。在他们那儿，事业、责任、严细、进取都有了。

三、传承核工业精神，必须走近青年才有生命力

　　在严格要求一代新人的同时，要重看、高看核工业这一代青年人。要大力弘扬青年人的"爱国""立业""奋斗"精神。

　　"两弹一艇"研制成功已经历了两代人，假如核工业精神仅在"两弹一艇"参与者中形成共鸣、叫响，那是没有生命力的，因为他们都已退休。要使核工业精神生生不息、代代相传，必须走近青年。但如何点燃他们，仍需有效的引导。告诫他们别在该吃苦的年纪选择安逸，要担当起建设核工业主力军的大任。要从老一辈手中接过核工业创业的接力棒，勇于追求属于自己的那份获得感和幸福感。

四、传承核工业精神，必须"心有大我，至诚报国"

弘扬核工业先贤"以身许国"精神，树立正确的价值观，把"使命""责任"与"担当"作为毕生座右铭，处理好"小我"与"大我"的关系。以国家富强、民族振兴为己任，奋发进取，自强不息，为新时代我国核事业作出贡献。

王淦昌的"以身许国"，王承书的"我愿意"，就是心有大我，至诚报国。"我愿意"就是愿意放弃"小我"！假如，把"大我"比作石头，把"小我"比作沙子，当往瓶子里填装时，如果先装石头，细沙照样可以灌进去。假如先装沙子，石头也就装不进去了。其实人的思想很像往瓶子里装沙石。把"小我"充塞到脑海里，"爱国""敬业""使命""担当"等大石头就放不进去了。所以，传承核工业精神，就要在树立社会主义核心价值观上下功夫。这是精神之"钙"，事业之"芯"的总开关。

生活在中国特色社会主义新时代的核工业人，一定会处理好"小我"与"大我"、"物质"与"精神"的关系，以国家富强、民族振兴为己任，为筑牢国家安全基石、为建设核工业强国而奋斗！

04

新时代如何传承核工业精神

习近平总书记指示，"两弹一星"精神激励和鼓舞了几代人，是中华民族的宝贵精神财富。一定要一代一代地传下去，使之转化为不可限量的物质创造力。

历史照亮未来
精神引领奋进

历史川流不息，精神代代相传。我们要深入学习贯彻中共二十大精神，要坚持以习近平新时代中国特色社会主义思想定向领航，努力把握好习近平新时代中国特色社会主义思想的世界观和方法论，坚持人民至上、自信自立、守正创新、问题导向、系统观念、胸怀天下，大力弘扬"两弹一星"精神和"四个一切"核工业精神，践行"强核报国、创新奉献"的新时代核工业精神，不断从精神传承中汲取砥砺奋进的力量，为全面建设社会主义现代化国家作出自己应有的贡献。

中国环流三号

热爱祖国、无私奉献，
自力更生、艰苦奋斗，
大力协同、勇于登攀。

事业高于一切
责任重于一切
严细融入一切
进取成就一切

强核报国　创新奉献

在新征程上全面推进核工业强国建设
为实现中华民族伟大复兴作出新的更大贡献